Compendio de Brumas
Antología personal
Juan Manuel Roca

Editorial
UNAH

ALPASO
Ediciones

El Heraldo

Compendio de brumas
Antología personal de Juan Manuel Roca
© De esta edición: Casasola Editores, Festival de Los Confines,
Ediciones Malpaso, Editorial Universitaria UNAH.
—Primera Edición Casasola Editores 2021
Diagramación: Andrés Moreira
Cuidado editorial de Óscar Estrada
Selección: Juan Manuel Roca
Portada y contraportada: Knny Reyes
Imagen de portada *Sagunto,* Querol y Subirats, Agustín, 1888
Colección esculturas del Museo El Prado, Madrid, España
Fotografía de Óscar Estrada, 2020
94 páginas 5.25 x 8 pulgadas
ISBN: 978-1-942369-50-9

www.casasolaeditores.com
Estados Unidos, Casasola LLC, 2021

COMPENDIO DE BRUMAS
(Antología personal)

Juan Manuel Roca

casasola
www.casasolaeditores.com

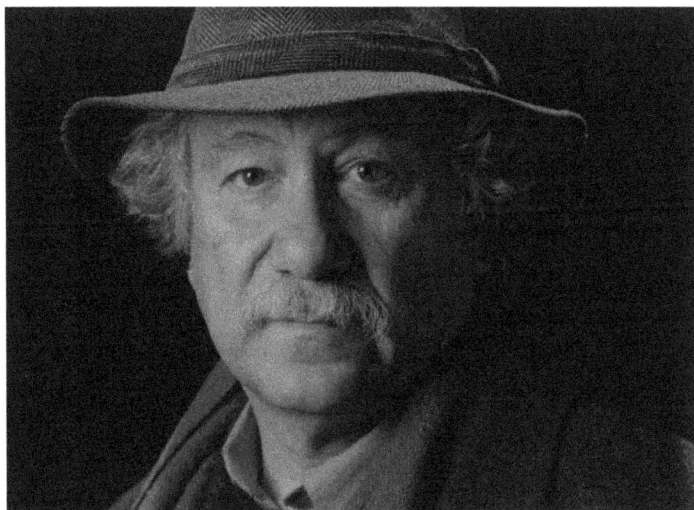

JUAN MANUEL ROCA

Nació en Medellín, Colombia, en 1946. Es uno de los poetas más representativos de América Latina. Fue coordinador y director del *Magazín Dominical* del diario *El Espectador* en Bogotá. Ha recibido el Doctorado Honoris Causa en Literatura por la Universidad del Valle y el Doctorado Honoris Causa por la Universidad Nacional de Colombia. Ha sido Premio Nacional de Poesía Universidad de Antioquia, en 1979; Premio de Periodismo Simón Bolívar, en 1993; Premio Nacional de Cuento Universidad de Antioquia, en 2000; Premio José Lezama Lima, otorgado por Casa de las Américas, en Cuba, 2007; Premio Poetas del Mundo Latino Víctor Sandoval, México, 2007; Premio Casa de América de Poesía Americana, Madrid, 2009 y Premio Ciudad de Zacatecas México, 2009.

Es autor, entre otros, de los libros de poesía *La farmacia del ángel, Las hipótesis de nadie, Biblia de pobres, Temporada de estatuas, Pasaporte del apátrida, No es prudente recibir caballos de madera de parte de un griego y Cartas a Ninguem.* Libros traducidos: *Korpens Tecken* (*Señal del Cuervo*), poemas en sueco, en traducciones de María Kallin y Víctor Rojas, Suecia, 2003. *Luna de Ciegos* (*Blindenmond*), traducido al alemán por Tobías y Jana Burghardt, en Berlín, 2007. En 2008 aparece en Holanda, traducido por Stefan Van der Brendt al neerlandés *Las Hipótesis de Nadie.* La editorial Myriam Solal publicó una antología bilingüe de su obra (francés-español), traducida por François Michel Durazzo, titulada *Voleur de Nuit*, en 2009. La misma editorial publicó en 2010 *Biblia de Pobres* (*Bible de Pouvres*), traducida por François Michel Durazzo, edición bilingüe. En 2014 la Editorial Glaciar publicó en traducciones al portugués de Nuno Júdice *Los cinco entierros de Pessoa* (*Os cinco enterros de Pessoa*). En 2016, la editorial italiana Raffaelli Editores publicó, traducción de Emilio Coco *Testigo de sombras* (*Testimone d'ombre*). Khalid Rausouni tradujo una antología de cien poemas al árabe en Marruecos, 2018. En 2017 fue el poeta homenajeado en el Festival Internacional de Poesía en Costa Rica y en 2018 en el Festival Internacional de Poesía de Marruecos, lo mismo que en el Festival Internacional de Poesía de Jönchoping, Suecia donde se publicó su antología *Närhelden talar med vinden* (*Cuando el fuego conversa con el aire*). En 2020 se le dedica la IV edición del Festival de Los Confines que se realiza en Honduras como homenaje a su obra y trayectoria, por esta razón se publica la antología personal *Compendio de brumas* un libro que hace un recorrido por su producción poética.

"El lenguaje no es el caballo
del pensamiento sino su jinete".

José Martí

Para Khalid Raissouni y Carlos Aguasaco.

ARTE POÉTICA

Como las máscaras del teatro Noh, dignas de ir sobre las creadas por Dios, como esas máscaras que exploran y cubren más el alma que la cara, como las máscaras de las hadas del sake que ocultan su refinamiento y su dolor, así quisiera mi palabra.

POÉTICA

Tras escribir en el papel la palabra coyote
hay que vigilar que ese vocablo carnicero
no se apodere de la página,
que no logre esconderse
detrás de la palabra jacaranda
a esperar a que pase la palabra liebre y destrozarla.
Para evitarlo,
para dar voces de alerta
al momento en que el coyote
prepara con sigilo su emboscada,
algunos viejos maestros
que conocen los conjuros del lenguaje
aconsejan trazar la palabra cerilla,
Rastrillarla en la palabra piedra
y prender la palabra hoguera
                              para alejarlo.
No hay coyote ni chacal, no hay hiena ni jaguar,
no hay puma ni lobo que no huyan
cuando el fuego conversa con el aire.

POEMA INVADIDO POR ROMANOS

Los romanos eran maliciosos.

Llenaron Europa de ruinas
Confabulados con el tiempo.

Les interesaba el futuro,
Las huellas más que las pisadas.

Los romanos, Casandra, eran mañosos.

No fraguaron el Acueducto de Segovia
Como un ducto de agua y de luz.
Lo pensaron como vestigio,
Como un absorto pasado.

Sembraron de edificios roñosos Europa,
De estatuas acéfalas
Engullidas por la gloria de Roma.

No hicieron el Coliseo
Para que los tigres devoraran
A su antojo a los cristianos,
                 tan poco apetecibles,
Ni para ver ensartadas
Como entremeses del infierno
A las huestes de Espartaco.

Pensaron su ruina, una ruina proporcional
A la sombra mordida del sol que agoniza.

Mi amigo Dino Campana
Pudo haber saltado a la yugular
De uno de sus dioses de mármol.

Los romanos dan mucho en qué pensar.

Por ejemplo,
En un caballo de bronce
De la Piazza Bianca.
Al momento de restaurarlo,
Al asomarse a su boca abierta,
Encontraron en el vientre
Esqueletos de palomas.

Como tu amor,
Que se vuelve ruina
Mientras más lo construyo.

El tiempo es romano.

DEL JEFE DE BOMBEROS AL SEÑOR MONTAG

Deberá aprender
Que los libros arden a 451 grados Fahrenheit
Y a repartir el fuego entre sus folios,
Señales de vida que simulan los hombres.
De regreso a casa, recordará que sus historias
Son escritas con ceniza y voces calcinadas.
Tendrá que trocar manguera y riego en lanzallamas,
                                    el agua en fuego,
Como los grandes sacerdotes que atizaron ascuas
En la noche que trepaba los muros medievales.
No debe dejar sin su ración de llama ningún libro
Por pequeño y discreto que parezca,
Puede ser una trampa para atrapar desprevenidos, para cazar
/insomnes.
Como el lacre derretido, los libros solo dejan
Manchas rojas en la memoria, fantasmas en ronda.
La historia antigua,
Los miles de muertos clasificados en las bibliotecas
Son legiones de náufragos perdidos de rumbo.
¿Cuántos dieron la vida por su engañosa belleza,
Cuántas consejas se escondieron en sus lomos
Para celebrar mañanas huidizas y falsos profetas?
Queme los diccionarios,
En ellos se oculta un arsenal de rebeldías,
Enterradas municiones disfrazadas de ensueño.
Vigile que las chimeneas no esparzan al viento esquirlas de
/palabras.
Incendie sus novelas, sus piezas dramáticas,
Sus libros de viaje, sus tratados de ornitofilia,
Sus volúmenes de arquitectura y otros puntos de fuga
Que ocultan entre líneas su linaje de árbol.

MESTER DE CEGUERÍA

I.
Desde la terraza, a la hora en que el sol cernía picos de pájaros azules, mi madre y yo mirábamos el patio en la casa de los ciegos.

II.
Los niños ciegos reemplazaban el balón por una caja de lata y jugaban con el ruido. Cuando el ruido rodaba hacia algún lugar del patio, los niños lo perseguían, lo pateaban corriendo entre las sombras.

III.
Mi madre y yo en la terraza. Y abajo, ángeles de la sombra corrían como locos tras del ruido. Después nuestra casa era una jaula. Mi madre paseaba por la alcoba limpiando el ojo a los retratos de sus muertos. Yo escuchaba el deslizar de las sombras en la estancia.

IV.
Entre árboles que levitaban su floración oscura, la casa nos guardaba de la tarde tempestuosa. Y ya de noche, acomodado al recinto del sueño, como un ciego perseguía el ruido de agua de aquella mujer desconocida.

V.
Preguntaba por la extranjera, sin pensar que todos somos extranjeros en el sueño. Me paseaba con un gorro de cascabel por jardines lluviosos escuchando el techo piafante de un establo o un ruido de biblias en los cuartos vecinos.

VI.
La noche me tatuaba.

BIOGRAFÍA DE NADIE

Es notable la gloria de Nadie: no tuvo antepasados bajo
el sol, bajo la lluvia, no tiene raigambre en Oriente ni
Occidente. Ni hijo de Nadie, ni nieto de Nadie, ni padre de
Nadie, pequeño cónsul del olvido.

¿Ven un vacío en la foto familiar, un hueco, un espacio entre
la respetable parentela? Es Nadie, sin rastro y sin linaje.

Es notable la gloria de Nadie antes de la primera mañana
de la historia, precursor de hombres que hoy son hierba, de
padres de otros padres que son velas sin pabilo.

Festejemos a Nadie que nos permite presumir que somos
Alguien.

CON EL PERDÓN DE KAFKA

I
Al despertar, el monstruoso insecto amaneció convertido en Gregorio Samsa. Tendrá que oír el golpeteo de la lluvia en su alféizar de hojalata para saber que las horas de Praga se cuentan en la clepsidra del invierno.
Al fondo del hospedaje para familias sin mañana, el pobre insecto de múltiples patas deberá bañarse, peinarse, apuntalar su corbata de vendedor ambulante, oír algo peor que el paso de los trenes: la voz de la obediencia. El pobre insecto membranoso amaneció convertido en hombre y no pudo traducir su oscuro sueño.

II
Al despertar, el monstruoso insecto se encuentra convertido en Franz Kafka. Deberá tornar a su trabajo y esquivar la mirada del padre lanzada desde los socavones de la infancia. Sus grandes orejas que lo hacen ver como si llevara el rostro entre los arcos del paréntesis, tienen más de murciélago que de insecto (de gran murciélago que escucha en la noche la voz de Milena como un hilo para orientar el extravío).
Al despertar, el monstruoso insecto que no amanece trajeado de Samsa, aunque el mismo vestido negro a la usanza de un cochero de pompas fúnebres sirva a la talla de Kafka, camina junto al señor Brod, albacea de sus dudas. Le pregunta si no encuentra extraña su extrañeza, si los judíos nacen viejos, mientras merodea y da vueltas a sí mismo. Toca su frente. Y recuerda que no amaneció siendo animal extraño e irredento.

III

Al despertar, el señor K. se sabe insecto a las puertas del
Castillo. Entiende que su zumbido es lengua muerta en la
Babel que lo juzga sin juzgarlo.
Ve pasar la sombra sin cuerpo de su padre.
Un insecto que sueña con un enorme zapato, con la sandalia
redentora: al despertar el señor K. espera la guillotina del
pie que lo triture.

IV

Al amanecer no hay mañana: es el anochecer del alma.
Repta y se escapa por la fisura del mundo. Hay quien dice
que el monstruoso bicho va en un barco hacia América. Allí
se hará hombre cuando deje de ser cucaracha, escarabajo o
inmigrante. Una mujer gorda caerá sobre él y su aliento lo
abatirá como un insecticida.

V

Y si no sonara -murmura el padre realista- el reloj
despertador. Porque sin él, nada de amanecer. Y sin
amanecer, nada de insectos que se llamen Gregorio Samsa
o Franz Kafka para que vengan, pestíferos, a desordenar
las mañanas de Dios aptas para el trabajo y la familia. Al
despertar nace el sueño, la pesadilla.

Buenos Aires, noviembre 22 de 1998

EL TREN DE MEDIANOCHE

"Te llevaste a ti mismo al tren"
Yehuda Amijai

Aunque solo ocurriera en un sueño, me ocurrió. Me veo salir de casa entrada la noche.

El tren debe partir en la madrugada. Desde la ventana de mi cuarto veo mi cuerpo que baja las gradas del edificio y advierto que, al salir, mis 50 años pasan bajo un inmenso aviso de neón.

Es un anuncio colorido en el que una mujer guiña un ojo azul y bebe una cerveza dorada.

Me conduzco a la estación por una senda solitaria: llevo en una mano un periódico doblado y en la otra el boleto. (Debo aclararlo: un pasaje para nunca supe dónde).

A mis ojos se extiende un paisaje de bermas y de andamios desarmados, de ductos de chimeneas y campanas herrumbrosas, una bodega con durmientes, con cascos de mineros y ménsulas de señalización.

A cada paso se hace más visible la oscuridad.

Adosado a una pared enferma, ultrajada por el tiempo, se prende y apaga el tablero de itinerarios.

En el fondo nocturno de la estación florece un cementerio de vagones, un festín de óxido que deja ver trozos de básculas, láminas de zinc, desechos de literas y faroles devorados por la hierba.

Veo a mi otro subido en la garita. Me hace confusos gestos con una bandera de señales: mezcla agreste de ángel sombrío, guardagujas y espantapájaros. Yo me hago el distraído y decido ignorarlo.

Al acercarme al taquillero, tras las rejas que revelan la fatiga del bronce, el viejo funcionario se encasqueta su gorra azul, una gorra con un escudo de dos rieles cruzados, un símbolo en X hecho con hilos de cobre, celebrado emblema de los Trenes Estatales.

Mientras mira al vacío con calculada indiferencia yo levanto mi valija, con más extrañeza aún, y subo al primer vagón que encuentro en el camino.

El tren está vacío, como lo están la estación, la mirada y el cuerpo del vendedor de boletos, la maleta de pana heredada de mi abuelo y la lustrosa locomotora de vapor.

Desde el andén me veo subir a un vagón con una ligera pizca de nostalgia. Cuando me asomo a la ventanilla me observo entre el humo y la niebla del muelle 17 y suena una campana ronca y lejana.

Ninguno dice adiós con un pañuelo al aire, ni esboza un ademán de despedida.

El tren arranca conmigo o con mi otro, pero uno de los dos queda en el muelle con su rostro pétreo de la Isla de Pascua.

Para Tobías y Juana Burghardt.

23

DEL PARTIDO DE NADIE

(Nobody Knows)

¿Y si Nadie fuera un antepasado de Kaspar Hauser? ¿O del héroe que al morir descubre que la única patria es el aire? ¿Si fuera el desconocido que lleva flores a la tumba de Bartleby? ¿Y si las plazas desiertas fueran rincones de nada habitados por Nadie?

A las puertas de mi ciudad encontré palabras trazadas en su nombre. En medio de consignas pintadas en los muros y de voces que deletreaban su miedo, un hombre paseaba un cartel escrito en una caligrafía de emergencia:

> *Todos prometen,*
> *Nadie cumple.*
> *Vote por Nadie.*

Algunos increparon mi adhesión a la consigna de Nadie. Y me miraron con recelo. Ah, los entusiastas pasaban cantando himnos, enarbolando banderas: una gavilla de seres postergados. Al anochecer, las plazas volvían al dominio de Nadie.

POSTAL AMARGA DE UN DOMINGO EN EL PARQUE

Mientras leo en una banca del parque un libro de poemas de Marina Tsvetáyeva, un grupo neonazi cruza trotando. Levantan sus brazos para saludar un caudillo invisible como los perros levantan una pata para orinar los hidrantes. Alzan sus brazos necrosados y envilecen el aire. Ya lejos, aún se oyen sus gritos y pujidos y yo vuelvo con una mezcla de enojo y de asco a una línea del libro: "días como babosas que se arrastran".

Parque Nacional, Bogotá, domingo 12 de agosto de 2012

SUEÑO CON ÁNGELES

"Han llegado los ángeles en un buque de carga"
María Baranda

Por el sueño navega un barco cargado de ángeles. Vienen en cajas de madera, en guacales de tablones salvados de un naufragio.

Los marineros los ven comiendo flores en su cepo como reos andróginos de una mudez de ostra.

Su destino es un misterio. No se sabe si serán vendidos a un zoológico, a un circo, a un aviario, a un taxidermista, a un tratante de alas.

Por tratarse de un extraño contrabando, -aunque no hay leyes marítimas que prohíban el transporte de ángeles en barcos- por tratarse de un tráfico de sueños, el capitán evita tocar los grandes puertos del mundo.

Es como si el barco estuviera condenado a no anclar nunca, a viajar sin destino con la carga emplumada y melancólica. Cada día huelen peor, a pústulas y almizcle, los maltrechos ángeles en sus podridos guacales. La nave se enfantasma en la niebla apagando sus luces y sus voces. Y la tripulación empieza a impacientarse, empieza a impacientarse...

TEMPORADA DE CAZA DE ÁNGELES

Hay discusiones en el asunto de la cacería de ángeles.

Algunos señalan que los espejos nunca dan la espalda, que siempre miran de frente, y que, puestos varios de ellos en el patio, pueden encandilar a los ángeles para atraparlos.

Dicen que la lluvia de abril se les convierte en cortinaje, en barrotes de agua, como si fueran pájaros domesticados a la vista de todos.

Los brujos advierten que en otoño hay que cuidar que no caigan las hojas de los libros, pero que es natural que se descuelgue la hojarasca de las jacarandas.

Temen que en esa estación los ángeles también pierdan sus alas. A pesar de que hay ángeles desalados que recuerdan las estatuas que reposan en olvidadas capillas tras un centenar de años y temblores, algunos se atreven a pensar que sus alas las perdieron en el último vendaval.

Nadie ignora que a los ángeles les gusta descender a las cúpulas y disputar en el verano los nidos con cigüeñas y lechuzas. Los biólogos alertan sobre la extinción de ángeles y predican más bien la extinción de escopetas y arcos.

Los agoreros levantan grandes muñecos para espantar ángeles, curiosas versiones de espantapájaros, pues creen que son ellos y no las aves los que se comen las mazorcas.

El clero afirma que sólo los ven los niños y los locos. Unos y otros dicen que los ángeles se confunden y se mezclan con pájaros maiceros, pero que nunca olvidan cierto aire de majestad.

Visto desde las rumorosas autopistas, parece como si al momento de un ángel llevarse a la boca una mazorca se tratara más bien de una armónica, de una dulzaina a la que le sacara una vieja canción.

Hay quienes afirman que al atardecer algunos ángeles se sientan en las colinas a oír el graznido de los alcaravanes.

En las cocinas, los loros lenguaraces gritan groserías cuando los ángeles se asoman a la ventana a espiar el hervor de la sopa y los tamales.

Los cazadores se dan mañas para atraparlos. Esperan a que el viento desnude los cámbulos donde se esconden, o disponen en las cornisas platos con cereales mientras permanecen atentos al batir de enormes alas.

Los poetas prefieren guardar el secreto y proclamar que no existen, aunque a cada rato los vean, como al basilisco, al unicornio y al centauro.

EN EL CAFÉ DEL MUNDO

Por la mañana,
cuando un sol de páramo merodea la ciudad,
las meseras del café
limpian las sobras de una conversación
y las manchas que dejan en el piso
las voces nocturnas.
A alguien debió caérsele en el baño
la palabra amor,
pues no se soporta el olor a flor marchita
que invade sus muros.
Limpien, limpien las palabras regadas en el mantel
o esparcidas como cigarros apagados
en los rincones. Sólo son pavesas de voces,
cenizas del verbo, frutas disecadas.
Las meseras espantan a las moscas con un diario:
las palabras no son hadas caídas de labios del fabulador,
ni cadáveres en fuga hacia el vacío,
pero las moscas se frotan las patas
frente a sus melancólicos residuos.
Talvez al borde del vaso con restos de cerveza
la palabra país se haga recuerdo
pues hay algo de tela de araña, de ruina de tiempo,
de un mestizaje de sueño y pesadumbre
en torno de la mesa.
Aún están las sillas con las patas arriba
como carrileras o pirámides o torres
de una Babel silenciosa
y las meseras se aprestan a barrer un otoño de voces.
Palabras que fueron mordidas con pasión
o arrojadas por la espalda,

palabras titubeantes en labios del herido
o untadas de una tenaz melancolía,
mariposas derribadas en su vuelo.
Las meseras ignoran que limpian y barren las palabras,
que algunas recorrieron el mundo, muelles y hangares,
para venir a morir bajo una mesa.
la palabra libertad que agitó su bandera de harapos
se deshace entre los restos de la noche
y no es fácil remendarla con agujas de lluvia.
Ni perros ni gatos husmean los escombros
donde se acumulan los sinónimos del hombre.
Hasta la palabra miedo
ha mudado de piel y ya no tiembla.
Ah, diligentes meseras que ponen orden a los objetos
aunque nadie los nombre. Yo las veo
recogiendo pedazos de la palabra cristal,
entre enceguecidos Narcisos
que fingen no verse en aguas pantanosas.
La palabra muerte no quiere deshacerse,
se resiste a morir en el café de la noche.
Las pulcras meseras recogen,
entre papeles arrugados y sombras y cabellos y fantasmas,
las sílabas del día, sus inciertas potestades.
Limpien, limpien llanuras, suburbios, subterráneos,
glaciares y jardines y patios y collares,
el eco del silencio que atraviesa la noche.

Para Carlos Vidales

CASA PINTADA

Dibujo, antes que nada, una puerta.
Le trazo un cerrojo
con su forma de gota de agua
y diseño con el pincel la llave
que abre las dos hojas de madera,
la llave que funda el maridaje
entre el ojo y el cerrojo.
Abro la dibujada puerta
y entro a la intemperie.
pinto un largo corredor
que cruza el patio de azules baldosas
y bruñidos vitrales.
En el centro del patio, una alberca
de cuyos grifos de hierro pende
la lágrima del agua.
Al fondo, dibujo de peldaño en peldaño
una escalera de caracol que trepa
hasta un cuarto poblado de luz
en sus grandes ventanales.
Subo a la alcoba
e inicio el desdibujo:
un pincel entintado borra escalones,
desvanece la alberca y su tosca grifería,
borra el patio y sus vitrales,
el largo corredor donde antes
reinaba la intemperie.
Con un color de niebla deshago el cerrojo,
la llave y la puerta de madera,
y quedo solo en el cuarto blanco
que ya no tiene casa.

TESTAMENTO DE LOPE DE AGUIRRE

¡Tantas veces divisé
la bandera del humo y la malaria
en el reino del yacaré!

Fui el Rey
de la cruz y del curare,
una aureola de moscas
me seguía a todas partes.

Conservé
astillas de la Barca de los Locos,
su quilla rota
tras el naufragio del agua.

Vi una iguana escurridiza
en el yelmo de un soldado
muerto por mi espada o por la fiebre.

La ventisca
cruzaba con su largo vestido de novia.

Volaban la selva
ángeles con alas de hojarasca
y racimos de murciélagos
respiraban en el techo de una choza.

La manigua levantaba
grandes catedrales de olor.

A ella dejo mis huesos,
envueltos en la mortaja del olvido.

LAS ENFERMEDADES DEL ALMA

Me da luna
verte cruzar por una esquina
cuando se enciende el faro de la isla
y se apagan los barcos del contrabando.

Me da río
ver los muertos en los trenes desbocados
que viajan hacia el mar de las Antillas.

Me da nube
mirar cómo trepan por el aire
las calladas catedrales.

Me da barca
cuando cruzas, sonámbula,
como si empujaras al viento.

Me da libro
el tren que parece la cremallera de la noche,
la poderosa maquinaria
que rebana dos tajos de oscuridad.

Me dan buitres
las noches góticas
que se pueblan de cirios y cilicios.

Me da puerto
cuando el río sestea al mediodía
entre bosques de pimienta
o bajo los brazos de un samán.

Me da Sur,
mucho Sur, oír tu silencio
que acompasa la música
con su discreta percusión.

Me da aguja
la sombra cimbreante
que vive cosida a tu belleza.

Me da bar
cuando escucho en la madrugada
el taladro de la lluvia.

Me da nieve
el llanto de una niña
que rompe el silencio del vecindario.

Me da cafetal
el nombre de mi país
pronunciado en el exilio.

Me da lunes
pensar en la molienda
de caña o de maíz.

Me da arcángel
el viento que llena de hojas secas
los patios de la aurora.

Me da nardo
tu aliento que florece
en la penumbra del cuarto.

Me da noche
la tinta derramada por descuido
en el mantel de la tarde.

Me da tigre
el paso lento y seguro
de los días.

Me da Goya
el rapto de un niño
en una esquina de la noche.

Me da África
el remo abandonado
cubierto de escamas.

Me da mar
la bailarina que suelta en el tablado
el oleaje de sus pasos.

Me dan cárcava
las canciones populares
que silba el vendedor de almejas.

Me da hierro, me da Pound,
el ascensor vacío
que abre su túnel en la noche.

Me da viento
escuchar de tus labios
la palabra lejanía.

Me da Amazonas
y lianas y chapoteos
la palabra humedad.

Me dan tren, me dan delta,
los cantantes de blues,
su repertorio de sombras.

Me da bruma
el paisaje fabril, la bandera del humo
que oculta una luna amortajada.

Me da jaula
el jardín amaestrado
por las manos del Rey.

Me da grieta
saber que soy un sueño,
un ruido de pisadas en la casona del mundo.

¿QUÉ VIO LA BRUJA DE GOYA EN SU VUELO?

Cuando su fiel amigo,
un diablo cojuelo,
la invitó a levantar
uno a uno los tejados del reino,
no vio nada
que no supiera ya su padre,
un pintor sordo y temerario:
Judíos más allá
de los confines de la corte,
un imperio cainita que reparte
quijadas de asnos entre hermanos,
un carnaval
de desvaríos y disfraces.
¿Acaso vio la remesa de enanos
llegados al reino
desde Polonia e Italia
y, sin burla alguna,
desde los Países Bajos?
De esos feudos llegó
un bufón tan pequeño
que traía noticias del subsuelo.
¿Pudo ver el mercado de lazarillos
que fingían visiones
y ocultaban sucesos?
¿Vio venir al caudillo
como a un viejo flautista
que conduce la turba al precipicio?
Quizá escuchara los trucos
de Quevedo y Velázquez
para hacerle esguinces a la muerte.

O tal vez,
los primeros trazos del pintor
al fijar en el lienzo
el retrato de su amigo,
poeta de frente amplia
y de labios mezquinos.
¿Vio el comercio
de grilletes de hierro
en un siglo de oro?
Cuando la corte enviaba enanos
de regalo a la nobleza
como quien ordena una caravana
de espejos deformes,
la "linda maestra"
llevaba en ancas de su escoba
una bruja novicia
que ocultaba su cara.
Podemos dudar de la existencia
de un dios de la guerra
concebido a imagen y semejanza
de un regimiento de enanos
como Mari Bárbola,
barbarroja, Bonamí o Pertusato.
Solo un dios benigno aceptaría
tan horrible semejanza,
pero la clerigalla,
frailes y trotaconventos,
hacedores de espejos ciegos
y doctores del Santo Oficio,
no podrían creer tantas bondades.
Goya y Velázquez,
el perdulario Quevedo

y el anónimo Lázaro de Tormes,
vieron el reverso de la historia.
Ellos atraparon sin recelo
una galería de espantos:
los jorobados
que parecen llevar un morral
de piel en sus espaldas,
los títeres sin cabeza,
los deshechos y contrahechos,
los cojos y los fusilados.
¿Por qué la bruja novicia
que acompaña a la hechicera
esconde su rostro
en la giba de la maestra?
Podríamos pensar,
siendo una mujer desconocida
nacida en una casta de rapaces,
que se cubra para no ver
desde el aire nocturno
los poblados de la razón
y su cosecha de monstruos
o los reyes vestidos de púrpura
que ordenan iniciar
el baile teratológico
de la "tiniebla viviente".

Para Nelson Romero
Bogotá, noviembre 18 de 2009

LAS HIPÓTESIS DE NADIE

Puede ser el viento.
La página en blanco. Puede ser.
Puede ser el que viene
borrado por la lluvia.
Ahora recuerdo a un hombre ciego
una dulce tarde de Friburgo.
Iba solo por la nieve
con una sonrisa de beatitud
y un bastón tan blanco como los copos.
Cruzó a mi lado sin verme:
Yo era su Nadie,
un fantasma en ese reino luminoso.
Puede ocurrir que seamos
los ciegos de Nadie.
Nadie acaso sea el viento
que abre las ventanas con golpes sin acordes
para hacernos hablar en la lengua del sueño.
Puede ser quien dejó
para siempre un abrigo abandonado
en la percha del café,
un abrigo como bandera del vacío
que desaparece un día, como su dueño.
Puede ser el que nunca fue,
el que nunca será,
el que se cansó de haber sido.
Quizá sea en el país de los desaparecidos
el único aparecido que llamamos fantasma,
el que pone a traquear
las escaleras en la noche
o tumba una sartén en la cocina,

el que cambia de sitio a los cubiertos
que no logramos encontrar,
el ladrón de lejanías.
Puede ser el viajero de sí,
el nómada de sí mismo.
Ha ejercido oficios a destiempo:
arrastra papeles en la calle solitaria,
lleva diarios atrasados
de un extremo a otro en la ciudad,
trae un olor de extramuros a su centro,
rasga los carteles del cine de ayer,
hace partir los trenes
con sólo sonar una campana.
Puede ser el viento.
La página en blanco. Puede ser.

LOS PERROS DE NADIE

Callejean,
escarban los restos del día
como quien acude a un tanatorio:
perros góticos apaleados en misa,
un domingo raído por la lluvia.

Bogotá duerme al fondo de su hartazgo
y los perros de Nadie
rastrean los días en fuga,
la sombra perdida de un Virrey.

Un niño ata en sus colas de cometa
latas de avena
con la efigie de un cuáquero
que no pierde su torva dignidad.

Los perros sin dueño
recorren centro y sur de la ciudad,
las zonas donde Nadie
tiene su reino de olvidos.

¿A quién ladran
en la calle vacía?
¿A quién dirigen
sus orejas vacilantes?

Acaso descubran el paso de Nadie,
del que se fue una vez,
envuelto en brumas.

LA ESTATUA DE BRONCE

(A la manera de Ossip Brodski)

Primero haremos, si el Cabildo de la ciudad lo permite,
/el caballo.
Un alazán en bronce con sus patas delanteras levantadas
como ejemplo para cruzar obstáculos y abismos.
Luego fundiremos el hombre,
pues un caballo sin jinete no es digno de una plaza
y ni siquiera puede llamarse una abstracción.
Que todo el burgo aporte llaves, aldabones, candelabros,
monedas, candados, espuelas, medallas y cubiertos
para fundir el hombre a su caballo.
Después discutiremos el lugar para la estatua y la forma
/de su pedestal.
¿Un recodo cercano a las montañas
entre bosques de sauces y eucaliptos?
No estaría mal construir en el sitio elegido
un pequeño parque que permita a las mucamas
citarse con sus novios al pie de la escultura.
Debe amoblarse el espacio con bancas de madera:
los oficinistas comerían emparedados a la hora del receso.
Bella será la sombra al mediodía
de caballo y jinete sobre la grava y el asfalto.
Las hojas caídas de los árboles
tejerán un tapiz crujiente al paso de los estudiantes.
Los viejos fotógrafos
sacarán los domingos sus cámaras de cajón
y harán que los enamorados prolonguen el tiempo
/de los besos.
Todo concertado con autoridades eclesiásticas, civiles
/y militares.

Luego vendrá la discusión.
¿Quién debe ser el hombre encima del corcel?
Sabios hay pocos. Guerreros y héroes son dudosos.
Un filósofo a caballo
no puede replegar su pensamiento.
Los poetas viven recostados en la hierba.
Los campesinos no montan caballos de viento.
Los directores de orquesta no pueden dirigir
desde una montura de bronce y el lomo inclinado
/de un caballo.
Los jubilados prefieren cabalgar nubes
Y permanecer sentados en los bancos.
Los pintores trazan caballos pero no se atreven a montarlos.
Los arquitectos pierden la perspectiva.
Los almirantes prefieren las crines de las olas.
Las bailarinas no necesitan pedestal para su vocación de aire.
Los astrólogos son una franca minoría.
¿Quién podría ser el jinete de bronce
sobre el imponente y brioso caballo de bronce?
Deberá ser alguien que muchos ciudadanos admiren,
un hombre que sea su propio mentor,
que haya luchado a brazo partido por su gloria y su fortuna.
Ya está. Erijamos una estatua al asesino.

ENTRE RUINAS Y ESTATUAS

Me encontré con un teórico
de las formas simbólicas.
Sin preguntarle nada
sentó su teoría de las estatuas inválidas:
Todos hemos visto, me dijo,
 "Multitud de estatuas heridas,
sin brazos, sin piernas
y muchas veces sin cabeza".
Sostenía que el 90%
de todas esas estatuas minusválidas
llegaron a tan lamentable estado
a causa de las guerras.
Me dijo que la estatua de mujer sin brazos
que aparece en los libros
perdió el de la izquierda
por el golpe de hacha de un bárbaro
y el de la derecha
por el golpe artero de la guillotina del mar.
Las hay sin cabeza,
aunque tuvieran tiaras y coronas
y sobrevivan mutiladas
a las batallas del tiempo.
Algunas se salvaron, tristes pero invictas,
de asedios piratas y del Museo Británico.
La estatua del doctor Atl,
un legendario pintor de vientos y volcanes,
tiene una sola pierna y no camina
a pesar de su poderosa muleta de bronce.
Quizá las más bellas estatuas se oculten
del martillo sin hoz de las subastas
y yazgan sumergidas en los museos del mar.

Hay ejércitos de bronce
que urbanistas y temblores
rodean de brumas y de ruinas.
Parece que el tiempo
quisiera darles un aire de mendigos,
aunque tengan la talla y la belleza
de las esculturas etruscas y tribales,
del culto polinesio y del ídolo africano,
de un arte que quisiera romper el encanto
para salir de la hibridez y la quietud.
Como siempre lo logran mejor los niños
que juegan en el parque a las estatuas:
cambian a su antojo de ritmos y de formas
y esculpen sus gestos en los talleres del aire.

A la mano faltante del Marqués de Bradomín.

CONJUROS PARA HACER UNA ESTATUA

Miguel Ángel descubrió
que en todas las piedras del mundo
hay una estatua dormida,
que basta con quitar lo que sobra
para encontrarla.
Así como dentro de un lápiz hay caballos,
hermosas muchachas de cabellos dormidos,
tortugas escondidas o el mapa de un tesoro,
las piedras pueden guardar en su adentro
la figura del dios de la lluvia,
la estatua de un héroe olvidado,
la cabeza de un toro cimarrón
o un lobo que mira hacia la luna.
Se trata de examinar con atención
las piedras del camino,
dicen los lectores de guijarros,
los terapeutas de los caminos.
Se trata de esculcarlas para encontrar
quién se esconde,
quién dormita,
quién le teme a la intemperie,
quién escamotea el ser que habita en ellas,
aunque haya masas burlonas
que no entregan nunca su secreto,
lajas, peñascos, guijas,
trozos de basalto, lágrimas de volcán,
cantos rodados
que los exploradores llaman piedras baldías.
No hay por qué desencantarse.
El escultor encontrará la piedra que lo espera
y podrá alistar su cincel o su martillo.

Entonces verá brotar de ella
un pájaro enjaulado, un bisonte anciano,
un hombre preso, una mujer reclinada,
una máscara de hierro,
un gato escaldado y un dragón
o el pequeño ciervo lanceado
que espera la voz que lo despierte.

TEMPORADA DE ESTATUAS

Hay épocas vedadas para la caza de estatuas
que prohíben a estudiantes y borrachos
arrojar piedras o botellas
a la impasible dignidad de los héroes.
En tiempos de caza
es permitido, inclusive, la decapitación
así que muchas estatuas
quedan reducidas a pechos con medallas,
a cuerpos de guerreros con caras de Nadie.
Entonces aparecen los peritos,
los guías que explican a los viajeros
las facciones ausentes de tan clásica estatuaria.
Algunas de las estatuas lisiadas
yacen convalecientes en un hospital
para la fatiga del bronce, explica el historiador:
ya serán repuestas a sus pedestales
aunque sólo las extrañen los pájaros y los funámbulos
y el ciego que mientras vende lotería
se acoge al mapa movedizo de sus sombras.

> Para Patricia T,
> Más bella que La Victoria de Samotracia.

PREGUNTAS ANTE UN BUSTO DEL REVERENDO CHARLES LUTWIDGE DOGDSON, ALIAS LEWIS CARROLL

¿Qué puede hacer un descreído de sí
que se aburre en el tiempo victoriano
de las puertas clandestinas y cerradas?
¿Cambiarse de nombre,
dejar de llamarse Reverendo Dogdson
y reinventar el mundo?
¿Vivir confinado en el sueño
más a gusto que en una armadura de bronce?
¿Qué puede hacer un buen señor
crecido en la doctrina de los buenos modales
al escuchar a la reina de corazones
vociferando a diestra y a siniestra:
¡Córtenle la cabeza, córtenle la cabeza!
pues todo lo que tenga cabeza
puede ser decapitado? ¿Qué puede hacer?
¿Retratar niñas raptadas al futuro
y a una impostergable soledad?
Reverendo Dogdson:
la vida, ¿una merienda de locos?
¿Un sombrerero que cree
que todas son las horas del té?
¿Un croquet de obedientes cortesanos
cuyos mazos son pájaros flamencos?
¿Un juicio de pesadilla
en el trono de una reina de corazones?
¿La boca oscura de alguna madriguera?

¿El paso de las lunas del tiempo,
de acosados conejos pendientes
de las flechas rotas de un reloj?
¿Una pluma al aire
de las maquinaciones de la noche y el azar?
¿Lo subterráneo que aflora irremediable
sobre la fría piel de los espejos?
¿La creación de un Dios que sabe que la ley
es mermelada ayer, mermelada mañana
pero nunca mermelada hoy?
¿Una corte de naipes en un reino sin razón?
¿Una estatua que desaparece
en la niebla de la ciudad
Como un gato en el aire?
reverendo Dogdson,
no resulta imperativo que responda.

Para Andrea Roca

UNA ESTATUA AMENAZANTE

En la catedral de Segovia
la estatua de San Frutos
se yergue amenazante. El santo
sostiene un libro que lee sin descanso:
no da muestras de avanzar en su lectura.
La leyenda dice
que cuando se decida a pasar la última página
el mundo acabará,
cesará la cuerda para moros y cristianos.
Para disgusto de algunos impacientes
el escultor fundió el libro en bronce,
a prueba de tifones y de otoños.
El tiempo detenido en la página
parece una alegoría de lo eterno.
Algunos desdichados se detienen bajo la estatua
y esperan que los dedos del santo pasen,
de una vez por todas, la última hoja.
San Frutos no da el brazo a torcer
aunque el invierno cubra su mano
con el guante blanco de la nieve.

Segovia, donde viven los restos de
San Juan de la Cruz, septiembre 29. 2008

ALEXANDER PLATZ Y OTRAS VETUSTAS MELANCOLÍAS

Aún hay un muro invisible,
heridas en el aire,
esquirlas de una feroz melancolía.
Cruzamos un parque. El viento nocturno
mece un columpio
donde Nadie se balancea.
El balanceo de un columpio vacío
puede ser la evocación del niño que fuimos
visitado a deshoras.
Tres bellas muchachas berlinesas,
Gretel, Else, Nelly,
se sientan en un banco a la espera del tren
y ríen tras grandes botellas de cerveza.
A Alexander Platz,
desangelada planicie, fría como bayoneta,
se desemboca desde la mesa de Döblin
y su retícula secreta.
Vamos de Alexander Platz al silencio,
de los rieles de la Estación del Zoo
a un café del pasado. Evocamos,
dos viejos amigos que hace 20 años no se ven,
la ciudad de piedra esmeril
que se acurruca en una meseta de los Andes.
Para entonces, ruidosos y feroces,
hablábamos y discutíamos hasta las cenizas de la noche.
Éramos un grupo de impacientes
que pensaba posible lo imposible
hasta convertir en brasas la palabra
mientras el cielo de Bogotá preparaba
con sigilo de gato la alborada.

Ir por Alexander Platz
y a la vez recordar una ciudad
que devoró todas las noches nuestros pasos,
es como cambiar de página o de libro,
de calendario o ventana. Arriba,
el cielo de Berlín parece condecorado de estrellas
como las migas de país natal que llevo,
sin saberlo, en los bolsillos del abrigo.

A Jorge Ávila, en Berlín,
tras 20 años del último encuentro.
Septiembre 10 de 2007.

PAISAJE CON MENDIGOS

Las buenas gentes se preguntan
por qué los mendigos interponen,
entre sus ojos y los nardos,
su amasijo de harapos. Si no reciben
su cuota de maná es por su feroz costumbre
de llagar el paisaje y la mirada.
Más antiguos que su oficio,
los mendigos vienen de antiguas catacumbas
o de remotas catedrales que levantan sus cúpulas
entre hospicios y hospitales.
Al cruzar hieren y enferman el paisaje
y las gentes se abren a su paso
como si partieran en dos un mar
que tiñen de dicterios y quebrantos.
Un séquito de olor y un séquito de perros
van tras las hordas miserables. Los alcaldes
los miran con ojos acuosos
mientras cucharean una sopa densa como lava.
Los sacerdotes los buscan como alimento
de un reino de otro mundo
y les describen las canteras del infierno,
aunque parezcan habitarlo desde siempre.
Son de otra raza, de otro país,
los mendigos son oscuros forasteros
que viven en las fronteras invisibles del lenguaje.
Entre ellos y nosotros una moneda nos escarnece,
un oscuro comercio de penurias
bajo la tienda de abalorios de un pariente de Dios.
Los días festivos escrutan buques fantasmas:
no encuentran a quien extender yacijas o escudillas
y sólo amontonan en los atrios migajas de milagro.

Algo de espantapájaros hay en su oficio,
algo de cetrería en sus ojos,
en su manera de mirar el pan de las palomas.
Un hombre ebrio y compungido me dijo a la salida del bar:
podrían mandarlos a la guerra, servir de barricadas.
Los mendigos no saben dónde ir
cuando ordenan que acuartelemos las sombras malheridas.
Los guías de turismo, para no inquietar a los viajeros,
advierten que son actores de reparto
de una película que ruedan en las calles.
Quizá hayan salido de un mal sueño, de una factoría,
de un muelle, de una mina, de una casa usurpada.
Del mal sueño traen la mirada arisca de quien huye,
de la fábrica conservan un color de presidiario,
del muelle el vicio de cargar fardos de nada,
de la mina unos ojos duros y pugnaces,
de la casa usurpada un eco llegado de tierras de Nadie.
Escarnio y mofa, dos perros fieles, los acompañan.

TESTAMENTO DE SHEREZADA

Harum Al Rashid,
Comendador de los creyentes,
mi Señor:
os dejo el cofre
de las historias no narradas.
En él se guarda el cuento
de la mujer que salvó su cabeza
con el hilo de plata
de la palabra.
Harum Al Rashid,
Comendador de los creyentes,
mi Señor:
Imagina mejores historias
una cabeza sin ser cortada.

EL SILENCIO DE SHEREZADA

Llueve sobre París
y muero de febrero, de cansancio y lejanías.
Me llamo, y empieza a tener poca importancia,
Marcel Schwob, biógrafo y anarquista.

No puedo caminar,
se suprimen los caminos
y no espero reanimar una cruzada de infantes
ni soñar con la conquista del Santo Sepulcro.

Descender de oscuros bibliotecarios
y de venerables rabinos
quizá sea la herencia que me dio
una mano de luz para abrir viejos libros
y otra de sombra para encender candelabros.

Tengo piedad de todos,
inclusive de mi cuerpo.
Al lado de mi lecho, una ronda de fantasmas
gira como un blanco carrusel.

Algunas tardes
me visita un pintor
que traza líneas confusas
como los mapas de mis manos.
Es Paolo di Dono, llamado Paolo Uccello,
un pájaro pintor de pájaros,
un florentino olvidadizo y caprichoso
muerto de soledad en su pecho.
Y de tristeza en el alma.

Eróstrato cruza al lado de mi cama,
quiere incendiar el mar
y tomarse por asalto la eternidad.

Desde mi ventana
veo al poeta de las nieves de antaño,
un mendigo más bajo la lluvia.

No estoy solo
en esta hora de vísperas y adioses.
Soy blanco, Señor, como el leproso
y como tu corona de azahares.

Y ya calla, para siempre, Sherezada.

CONFESIÓN DEL ANTIHÉROE

Nunca llegué a sitio alguno.
Cuando los altos viajeros
se deslizaban en un hondo silencio
y veían la tierra como una aldea perdida,
yo miraba en la oscuridad de los armarios
pequeñas lunas de alcanfor.
Muchos impacientes caían en combate
cuando era humillado en oscuras oficinas.
Los inventores de la máquina de sueños
cenaban con mujeres más bellas que sí mismas.
Una ración de orfandad me era servida
bajo techos que dejaban caer migajas de yeso en el mantel.
Nunca llegué más allá de la próxima esquina.
No fui el boxeador que sonríe a la penumbra
cuando en el altar del cuadrilátero
parece llamar a la oración la última campana.
No tuve agallas para disparar contra el tirano,
no monté en pelo el brioso caballo de la guerra
ni atravesé campos minados para salvar una aldea.
Me dediqué a masticar el pan sin levadura de todas las derrotas.
Algunas noches me pregunto dónde andarán
los que cambiaron de piel o de país
mientras oigo una canción que habla de visitar la lejanía.

TESTAMENTO DEL PINTOR CHINO

Cuando el sobrio Emperador
me conminó a borrar del cuadro una cascada,
-el chapoteo incesante espantaba su sueño-
como buen cortesano obedecí
y esfumé su torrente.
Sin embargo,
oculté tras el dibujo de un cerezo
una rana que croa
y que el anciano Emperador confunde
con su agitado corazón.
En un biombo de lino me pinté a mí mismo
al momento de dibujar un caballo.
Una noche después
espanté con el pincel al caballo,
pues no soportaba sus relinchos.
Pronto borraré mi crepuscular figura del óleo,
-Emperador de mi cuerpo-
y sabrán que es de la misma materia
la ausencia de un hombre o de un caballo.

EL ASTILLERO DE LA NAVE DE LOS LOCOS

Suelta amarras la barca,
su negro velamen de harapos y mortajas.
La brújula de la razón está perdida
en las cámaras secretas de un palacio,
oh, gran señor de las anclas oxidadas.
Los días no tienen playa
y la pestífera nave hace aguas,
mascada por un concilio de ratas.
Es un catafalco de mar
que transporta muletas y llagas
desde la noche medieval.
Es un triste comercio de miasmas y miserias,
una barca bautizada por El Bosco
que quiebra en su proa
una botella de agua envenenada.

EL HOMBRE DEL PROYECTOR

(Un réquiem por el cine)

En los barrios
el cine nunca fue mudo. En corrillo,
el hombre del proyector
contaba películas de Chaplin,
les daba a sus gestos una voz.
Afirmaba que los soldados nunca vencieron
a Jerónimo
y que tras la función de matinée
se levantaban los apaches heridos,
se sacudían el polvo,
montaban sus caballos de viento
y se iban a galopar por la llanura
en la función de vespertina.
No así los blancos, que caían flechados para siempre
cuando quería meter
su mano vengadora en el guion.
El hombre del proyector
juraba que al cerrar el telón
Billy the Kid seguía entrando y saliendo
en los salones de Texas
hasta hacerse un viejo bonachón
y todos los alguaciles morían abatidos
en un río de hiel.
En la pequeña pantalla de la almohada
Ava Gardner entraba al mar de sus sueños,
la más bella habitante de su piel.

El hombre del proyector
tuvo las manos de Orlac en su bolsillo,
guardó en un desván
El coche que rodó a sobresaltos los peldaños
De una trágica Rusia. Afirmaba que el niño
Que iba en ese coche se hizo mayor
Y que pudo huir del escorbuto, de la peste y de Stalin.
Hoy fuimos a su funeral.
Enterramos el cine de barrio
Y apagamos para siempre el proyector.

LA MARQUESINA APAGADA
(Un 4 de octubre de 1970)

La risita de bruja de Janis Joplin
resuena en un hotel de mierda
bajo una luna adictiva
y un largo comercio de abismos.
Nacer en un pueblo tejano
ajeno al blues y a las voces salvajes
podría haberla señalado como estrella
en un coro de cuáqueros.
Un pueblo así no imprime siquiera
un pase de cortesía en la leyenda.
Todo muy correcto,
como la muerte vestida
de vendedora de seguros,
como las damas del ejército de salvación
sirviendo en tazones de peltre
un ponche de olvidos.
Ahora se apaga su risita de bruja,
su voz descarriada
que encontró en el blues
la fuga del viento, la partitura del relámpago.
La muerte, más activista que su banda,
la busca en la tierra prometida,
una tierra que cambia de sitio
al momento cuando ella apenas llega.
Una provisión de espejismos
marca sus brazos
con agujas que no tejen su regreso.
Es como si la embaucadora
que se finge una heroína
dijera entre dientes: apaguen luces,
quiebren la noche.

PARÁBOLA CON DOS BRIBONES Y UN BANJO

La noche
camina en las terrazas con pasos de baile,
con sigilo de ladrón.
Al anarquista de Nazaret
que repartió panes y vino
en una cena de adioses,
lo acompaña un cortejo de músicos de aldea,
una banda de doce peregrinos
que tocaba en las fiestas de su padre
y en las catacumbas del amanecer.
Tocaban canciones de Galilea,
canciones de esclavos que entonaban hossanas
y llamaban al baile a las muchachas de Israel.
Un juez de Massachussets
lo acusa de terrorista,
de robar una estación de gasolina
y de asaltar el porvenir.
Afirman que embaucó a ciegos y leprosos
con raciones fraudulentas del Paraíso.
Suena un banjo, un soul
y una voz untada de luna baja desde la terraza
a las puertas de hierro del amanecer.
Es una canción que habla
de un cómico de la legua
que aprendió a caminar
sobre el agua vinosa del mar de Galilea.
Crucificadle, crucificadle,
grita un mitin de tenderos en el puente de Brooklyn
o en los confines del mundo.

Al lado del anarquista,
de sus elocuentes parábolas con camellos y agujas,
caminan dos hombres condenados:
un matón de poca monta de Chicago
y un relapso de Kansas
acusado de narcotizar a la noche en un burdel.
El convicto a su diestra
propone un asalto a mano armada al Paraíso.
El de la siniestra dice llamarse Charlie Parker
y no temer a la muerte,
pero pide que le entreguen su saxo
en los salones de baile del Edén.
Es un trío de sombras
abandonadas en la alta noche del escarnio,
en la noche que camina en las terrazas
con pasos de baile, con sigilo de ladrón.

PARÁBOLA DE BABEL Y DEL JAZZ

Les hablaré de Babel.
De la trabazón de las lenguas
cuando el vecino habla en nube
y su mujer lo hace en jaguar,
de la algarabía de los pájaros
que empiezan a hablar
en claro de luna o en lengua de rufián.
Son una cantera inagotable
para los viejos lingüistas
las tierras baldías de Babel.
En los vecindarios de la Torre
instalan grandes reflectores
y un sol de terracota
modula el esperanto del calor.
Un hombre negro llamado Louis,
traído a estas tierras
desde las noches del Cotton Club,
toca la trompeta que compró
en la amurallada ciudad de Jericó
e inicia un jazz que despierta
al arcángel san Gabriel.
Cuando sopla su instrumento,
una flor de cobre que aprieta sus labios,
se abren fisuras
al gran rascacielos de Babel
y todos, absolutamente todos,
los que murmuran en nube o en jaguar,
la parvada de pájaros
que habla en claro de luna o en rufián,
se saludan en la lengua deseada.
Roguemos, mortales,
que el trompetista no deje de tocar.

MONÓLOGO DE JOSÉ ASUNCIÓN SILVA

La ciudad que me rodea
y se duplica en los charcos de la lluvia
tiene un ropaje de sombras.
El viento que viene del páramo de Cruz Verde
con su negro levitón nocturno
rasguña los vitrales de la casa,
se cuela en los campanarios,
golpea
los aldabones de bronce de la Candelaria.

       Ese viento, mi alma es ese viento.

Entre cercanos silencios
resuenan las guerras del país
mientras tintinea el quinqué
con el que alumbro mis confusos libros
de comercio.

       Ese viento, mi alma es ese viento.

Los corrillos de seres embozados
murmuran a mi paso. Figuras fijas al paisaje,
estatuas de nieve a la entrada de una iglesia,
maniquíes
apenas movidos por el frío cuchillo del
páramo.

       Ese viento, mi alma es ese viento.

¿Quién dibuja en mi blusa el mapa del corazón?
¿Quién traza un centro a la ruta de mi fiebre?

La hermana muerta atraviesa el patio:
su voz ya pertenece
a las construcciones secretas del vacío.

                Ese viento, mi alma es ese viento.

La aldea despereza su piel de adormidera,
filtra una luz en los costados de la plaza
a una hora en que la ciudad parece viva.
Hablo de su lentitud, de su pasmosa fijeza:
mientras concluye el gesto de un hombre
que lleva de la mesa a la boca su pocillo,
cruza la eternidad, el mundo cambia de
estaciones,
pasan las guerras, hay futuros en fuga
y el hombre no termina el ademán
que funde sus labios a la taza de café.

Todos parecen tocados de embrujo,
acaso miren en su quietud
el pájaro invisible
que les señala un oculto retratista.
Y de nuevo, el viento.
Un disparo más, dirá el vecindario,
un disparo más en las eternas guerras
del olvido.
La vida, esa feroz bancarrota.

                Para Ricardo Cano Gaviria

EL AMOR ES CIEGO

Los enamorados, ciegos el uno del otro, se conducen por las calles del mundo, se apoyan en bastones de aire, no tienen ojos para mirar un paisaje distinto al de sus noches. Ciegos   el uno del otro, leen su piel con las leves yemas de sus dedos, se miran con el deseo, son sus propios lazarillos. Los mapas que señalan su camino se han ido desgastando por las visitas permanentes de su tacto. Los enamorados, espejo de mano el uno del otro, guardan en sus dedos historias y secretos. Por eso, cuando usan guantes en invierno suelen perder la memoria. El sueño de atravesar el espejo no desvela a los amantes porque en su memoria táctil reconcilian el adentro y el afuera, como si habitaran otros aires, otros lugares. En medio de cataclismos y desastres se han visto parejas de enamorados que parecen no escuchar cómo caen las torres de las iglesias y ni siquiera las paredes de su propia morada. Cuando fui ciego, Casandra, recorrí el relieve de tus formas y tus pezones como cúpulas morenas me iniciaron en el braille de tu cuerpo. No he encontrado una lectura más luminosa que tu piel.

TESTIGO DE SOMBRAS

Los magos chinos afirman que la sombra del gato no siempre caza la sombra del ratón. Parece más lenta que el felino cuando este se arquea y da el salto sobre su presa. El gato se estira y se encoge en el tapete como un acordeón. La sombra lo imita como si fuera su eco. Los magos tibetanos sostienen que la sombra del caballo bebe agua en las lagunas sin mojarse la lengua y sin el menor sonido. Las sombras de los jinetes, dicen los magos de Mongolia, parecen más delgadas que sus cuerpos. Aún les causa extrañeza que repitan como un espejo negro sus ademanes. Los magos hindúes dicen que las sombras de las banderas no tienen arrugas, igual que las sombras de los ancianos que toman el sol a las puertas del verano. Los magos son lectores de sombras. Afirman que ellas son más discretas que sus dueños. Y es verdad. Nadie festeja cuando la sombra del portero detiene en el aire la sombra del balón. En realidad, las sombras de todos los equipos tienen el mismo uniforme, juegan aparte un partido silencioso. Luis Vidales recuerda que el gato y su sombra son dos gatos.

POEMA SIN RIMA, PERO CON METRO

Lamentable que este poema no ocurra en tiempos de grandes bailes. Las bocas del metro arrojan a las calles que circundan las vecindades de La Bastilla gentes que de tanto ir bajo tierra, en la fosa común, tienen el hábito de hablar a solas. Creo que a veces no reconocen su voz. Lamentable que estas líneas no ocurran en tiempos de asombro. Porque he oído violinistas, fagotistas, grandes virtuosos mal vestidos y peor comidos en el metro, tocando para los muertos.

¿Y si el vagón en el que voy fuera una prolongación rodante del cementerio de Père Lachaise? ¿Y si estos seres fueran, en el parpadeo de las puertas que se cierran y se abren, presencias de un fantasmario recogido en papeles que huyen por la calle Vivianne, la calle del viejo conde del otro mundo, del otro monte, el arisco montevideano? ¿Así que asisto al jubileo de los muertos? ¿A esta bella escenografía de catedrales y parques, de jardines y puentes por donde los seres más vivos que cruzan lo hacen en el pasado?

Lamentable que este silabario no ocurra en un Mayo que se fue con sus muros levantiscos, sus barricadas, quizá el último canto de cisne de los vivos. Porque ocurre hoy. Y el hoy ya no enarbola banderas. Ya no lleva cuchillos bajo el turbante. Ni siquiera hay, maese Apollinaire, quién robe Monalisas.

Lamentable escribir un poema en el que un ángel ve sus alas quebradas en las puertas de un vagón del metro y desciende obediente cuando llega a la estación donde se aplastan los milagros. Ah, señor Apollinaire, usted que dijo que la rutina y la vejez son nuestras armas enemigas: sepa que acá se rumia la rutina, se asientan la vejez y sus resabios. La calle Morgue, buen nombre para todas las calles.

París, diciembre 9 de 1994

73

AL POBRE DIABLO

Al hombre anclado en la esquina del olvido, al hombre escupido por viejos matones de barriada,

Al jubilado de sí mismo, al muchacho humillado que se esconde detrás de su acuosa mirada,

Al que estorba en la fiesta de los audaces, a los que no han tenido oficio conocido y no podrían balbucir el retrato hablado de su madre,

A los que siempre parecen estar en otra parte, al que escapa de las miradas cuando lo buscan en el parque como pasto de burlas,

Al confinado al cepo del silencio en la ronda nocturna de los sabios, al que tartamudea como una vela encendida,

Al que está a punto de abrir la puerta de emergencia que conduce a un pasadizo de ingreso al otro mundo,

A la oveja negra de la familia que picotea fármacos y grajeas para intentar espantar la jauría de sus miedos,

Al sumo sacerdote de la religión de las derrotas, a los despreciados por sus espejos, al que prefiere ser prófugo de su cuerpo antes que ser su propio carcelero,

A los que ignoran qué responder cuando preguntan "¿quién anda por ahí?", al que "le daban duro con un palo y duro también con una soga",

Al que cambiaría el becerro de oro por una charla con parias y tenderos, al aturdido, al turulato, al pestífero que pregunta en qué lugar queda la vida,

Al incierto cuya sombra cojea más que su cuerpo, a los que han sido más pateados que el balón de una escuela, al sospechoso de todas las aduanas por su morral lleno de vacío,

Al que no logra ser jinete de sí mismo, a los que ejercen el papel de niños clandestinos y solo juegan cuando no los obligan a mendigar,

Al hereje hecho a imagen de nadie, a los abucheados por la multitud en un país de dioses abolidos,

A los que desafinan en el coro, al que suena como el platillo de una batería que cae en el silencio de un velorio,

Al imprudente que no espera a que el flautista de Benarés duerma la cobra para mirarla a los ojos,

Al hombre de cristal que atraviesa en medio de una pelea entre dos bandos de picapedreros,

A los desobedientes que quisieran confinar en un rincón del museo del olvido, al que nadie espera al regreso de la guerra,

A los que desalojan de su casa y luego expulsan para siempre de su cuerpo, al espantapájaros burlado por el cuervo,

Al portavoz de sí mismo que odian los feligreses de todos los partidos, al que conducen a la comisaría mientras grita que la civilización es "puta vieja y desdentada",

Al que jugó su corazón y se lo ganó la violencia, al que intenta dormir "en la carreta que lo conduce de la cárcel al patíbulo",

Al que solo conoce la lengua del silencio, al que llevan al tribunal por negarse a vestir el uniforme de los muertos,

Al perseguido que pretende esconderse en el poema de un gitano y al gitano que pretende esconderse tras la sombra de un violín,

Al impulsado a la plaza del escarnio, al asediado por la jauría de Salieris de parroquia que le ladran a su sombra,

Al calumniado por los sacristanes de la envidia que lo maldicen en la lengua de los muertos,

A los que no extienden su sombrero para pedir migajas de milagro, a los que están en la mira de los hacedores de villanos en los diarios y en las redes policiales,

Al objetor que pone pies en polvorosa cuando lo llaman a cerrar filas en el escuadrón de los operarios de la muerte,

Al que devela la miseria que ocultan los himnos, a los hombres acosados que sospechan que todas las ventanas del mundo están a punto de saltar al vacío,

A los desplazados y sus muros de aire, al boxeador que cae a la lona sacudido por un gancho de derecha,

A los locos del pueblo que cruzan enfundados en una capa de harapos como reyes miserables,

Al músico envuelto en un gabán raído al que le indican los empresarios la puerta de servicio del lento salón de baile,

Al que se niega a escuchar el canto de los vendedores de humo, al gato escaldado por el carnicero, al caballo espoleado por el miedo,

Al sin suerte que practica el tiro al blanco y siempre atina en el centro del error, al niño solitario que espía la vida a través de los cerrojos,

Al aguafiestas. Al que llega tarde a su propio velorio. A los poetas enjaulados por todos los tiranos

Les dedico estas palabras sin blasones: algo de ellos convive en mi pellejo.

PARÁBOLA DE LAS MANOS

Esta mano toma un fruto,
la otra lo aleja.
Una mano recibe al halcón, se quita un guante,
la otra lo ahuyenta, prende una antorcha.
Una mano escribe cartas de amor
que su equívoca siamesa puebla de injurias.
Una mano bendice, la otra amenaza.
Una dibuja un caballo,
la otra, un puma que lo espanta.
Pinta un lago la mano diestra:
lo ahoga un río de tinta, la siniestra.
Una mano traza la palabra pájaro,
la otra escribe su jaula.
Hay una mano de luz que construye escaleras,
una de sombra que afloja sus peldaños.
Pero llega la noche. Llega
la noche cuando cansadas de herirse
hacen tregua en su guerra
porque buscan tu cuerpo.

BIBLIOTECA DE CIEGOS

Absortos, en sus mesas de caoba,
algunos ciegos recorren como a un piano
los libros, blancos libros que describen
las flores Braille de remoto perfume,
la noche táctil que acaricia sus dedos,
las crines de un potro entre los juncos.
Un desbande de palabras entra por las manos
y hace un dulce viaje hasta el oído.
Inclinados sobre la nieve del papel
como oyendo galopar el silencio
o casi asomados al asombro, acarician la
                palabra
como un instrumento musical.
Cae la tarde del otro lado del espejo
y en la silenciosa biblioteca
los pasos de la noche traen rumores de leyenda,
rumores que llegan hasta orillas del libro.
De regreso del asombro
aún vibran palabras en sus dedos memoriosos.

CANCIÓN DEL QUE FABRICA LOS ESPEJOS

Fabrico espejos:
al horror agrego más horror,
más belleza a la belleza.
Llevo por la calle
la luna de azogue:
el cielo se refleja en el espejo
y los tejados bailan
como un cuadro de Chagall.
Cuando el espejo entre en otra casa
borrará los rostros conocidos,
pues los espejos no narran su pasado,
no delatan antiguos moradores.
Algunos construyen cárceles,
barrotes para jaulas.
Yo fabrico espejos:
al horror agrego más horror,
más belleza a la belleza.

ANTIORACIÓN

(Un reclamo por los poetas)

Ni aunque me dotaras con la lengua
y el tacto del Rey Salomón,
ni aunque me dictaras un bello Cantar
que abreve en labios de alguna moabita,
ni recibiendo en dádiva a la hija del Faraón,
ni por un caballo negro
que chapotee en la lluvia
y piafe bajo un cielo de olivos,
ni por la dignidad del viento
o de un gran señor en las viñas de Baal,
ni a cambio de un próspero comercio
de toneles de vino y bosques de olor,
lograré entender, Señor,
que en la lengua de John Donne,
en la misma de tu hijo William Blake,
se sigan ordenando las matanzas.

ARENGA DE UNO QUE NO FUE A LA GUERRA

Nunca vi en las barandas de un puente
a la dulce mujer con ojos de asiria
enhebrando una aguja
como si fuera a remendar el río.
Ni mujeres solas esperando en las aldeas
a que pase la guerra como si fuera otra
       estación.
Nunca fui a la guerra, ni falta que me hace,
porque de niño
siempre pregunté cómo ir a la guerra
y una enfermera bella como un albatros,
una enfermera que corría por largos pasillos
gritó con graznido de ave sin mirarme:
ya estás en ella, muchacho, estás en ella.
Nunca he ido al país de los hangares,
nunca he sido abanderado, húsar, mujik de
       alguna estepa.
Nunca viajé en globo por erizados países
poblados de tropa y de cerveza.
No he escrito como Ungaretti cartas de amor
       en las trincheras.
No he visto el sol de la muerte ardiendo en
       el Japón
Ni he visto hombres de largo cuello
repartiéndose la tierra en un juego de barajas.
Nunca fui a la guerra, ni falta que me hace,
para ver la soldadesca lavando los blancos
       estandartes,
y luego oírlos hablar de la paz
al pie de la legión de las estatuas.

PASAPORTE DEL SIN NOMBRE

El pasaporte tiene un matasellos ilegible,
un retrato velado por el vendaje de la niebla
que apenas deja ver su condición de huérfano de sí mismo.
Una bandera sin país acompaña su filiación oscura,
sus aires de lotófago, sus rastros con el olvido.
Desplegando una grafía de formas migratorias,
de trazos burdos e impacientes,
la emisaria de la sombra expide su fecha de vencimiento.

A Numerio Negidio (N.N.), el sin nombre.

PASAPORTE DEL APÁTRIDA

En la aduana me preguntan
de qué país soy ciudadano.
Cuando la Catrina toca su pífano de hueso
y remienda sueños olvidados, soy mexicano.
Si al abrir y cerrar un bandoneón se despliega la calle
y un gato recorre las cornisas del barrio,
mi ángel de la guarda habla en lunfardo.
Si la tristeza se riega en mi cuarto,
envalleja mi pan y mi artesa, mi plato y mi cuchara,
soy el huayno que acompaña al hombre solitario,
un hombre llegado de la puna.
Veo el fantasma de Teillier y soy agua de Chile,
compatriota de cielos y naufragios.
Si el silencio se desliza en un bote de totora,
si las nubes mascan coca para subir a su altura, soy boliviano.
Cuando suena una orquesta y la percusión del pecho
lleva un sonido de trenes al túnel de la noche,
soy de Santiago o La Habana, un lajero que regresa
a golpear con su bastón los tinglados del alba.
Si un potro recorre la llanura (si el viejo Simón Díaz
trae un sombrero de oro, un color de araguaney),
mi agua bautismal es Venezuela.
¿Sabe usted, impaciente aduanero,
dónde queda Uruguay? Queda en otro monte,
en otro mundo fabulado por el Conde sin reino.
Soy uruguayo al visitar el eco de sus cantos.
El viento trae semillas de lejanía,
teje y desteje trenzas y nubes
y un concilio de sombras oficia las distancias:
Soy correo de Chasquis,
un incierto corresponsal de Gangotena.

Siempre que camino las florestas del lenguaje
vuelvo a Darío y soy de un país
que compone sonatinas tocadas por el mar.
Cuando intento reconciliarme con la muerte,
soy compatriota de Barret, con él me hago oriundo de Paraguay.
Entro a un mapa oculto en las manos de Cardoza,
en sus líneas soy vendedor de espigas y maíz
en la Antigua Guatemala.
Soy brasilero en Pernambuco, me apellido Bandeira
y prefiero "el lirismo de los locos",
los ojos de una muchacha que envejecen sin remedio.
A veces soy colombiano, cuando en Ciénaga de Oro
suenan los bombardinos
o un poeta pinta el verde de todos los colores.
¿Me entenderán en la aduana
si les digo que soy del lugar donde te encuentres?

DISCURSO DEL REY EN EL PUEBLO
DE LOS RATONES

Ciudadanos de Hamelin:
He iniciado
una cruzada
para desratizar el país,
para limpiarlo de enemigos
empeñados en abrirle
fisuras al castillo.
Los desplazados medran
y cuelgan sus andrajos
a las puertas del reino.
Repartiré sus tierras
entre los nobles de la corte,
pasaré a sus dominios
los cultivos de palma
y la franquicia del mar.
La sombra de mi caballo
masca el forraje
en la campiña de mi padre
de quien heredo sus blasones
y un ave rapaz como el olvido.
Ciudadanos de Hamelin:
Mi legendario flautista
acabará con la horda enemiga
que no para su triscar
ni su trote menudo
hacia los graneros del castillo.
La reina medrosa
que comparte mi desvelo
en la penumbra de la alcoba,

me pregunta
qué será lo que roe, lo que roe
de manera incesante
mi necrosado corazón.

POEMA QUE VUELA EN UN PERIÓDICO UN
DOMINGO BAJO LOS VIENTOS DE AGOSTO

El poema,
impreso en un periódico
arrastrado por el viento,
quizá lo escribiera
alguien acosado
por sobrevivirse a sí mismo.
Sus versos hablan
de la quietud del día
pero la ventisca los arrastra
por callejones empedrados
y oscuras avenidas.
El poema,
que tiene la infancia del rayo
y la fugacidad del relámpago,
vaga en la grupa del viento.
Hay en su vuelo
algo de fuga hacia el pasado,
la intrusa nostalgia
que en idioma alemán
-de Hölderlin a Brecht-
es un dolor de casa.
Alguien debió envolver en el diario
un pargo recubierto
con escamas de hielo,
pues adosó a los versos
un fuerte olor a viejo puerto.
En su rodar por la calle
y tropezar con mis pies desconocidos
pudo palpar un aire de fantasmas.

El poema voló de mis manos
dejándome un fuerte olor
a pargo rojo y mar en celo.
No me queda duda
de la utilidad del poema:
una horda de mendigos
lo arroja a la hoguera
y destierra el frío
que se hunde en la tarde.

ÍNDICE

Impreso en Estados Unidos
para Casasola LLC
Primera Edición
MMXXI ©

www.ingramcontent.com/pod-product-compliance
Lightning Source LLC
Chambersburg PA
CBHW030852090426
42737CB00009B/1196